POR QUÉ GEORGES PEREC

Por qué Georges Perec
© 2024, Kim Nguyen Baraldi

Primera edición: marzo de 2024

Ilustración y diseño de cubierta: Chamo San
Maquetación: Arcadio Mardomingo

© 2024, Ediciones La uÑa RoTa
Apartado de Correos 380
40080 Segovia
Correo electrónico: ediciones@larota.es
www.larota.es

ISBN: 978-84-18782-46-6
DL SG 34-2024

Impresión: Villena Artes Gráficas
Impreso en España

Kim Nguyen

POR QUÉ GEORGES PEREC

Ediciones La uÑa RoTa
Colección Libros del Apuntador

A Helena

Mi método será muy sencillo. Hablaré de lo que he amado; y lo demás, bajo esta luz, se mostrará y se hará suficientemente comprensible.

GUY DEBORD

1.

Porque es el escritor por excelencia de los proyectos en marcha: está lleno de salidas que ninguna llegada podrá desmentir nunca.

2.

Porque multiplicó las instrucciones de uso, enriqueciendo así nuestra manera de leer, de pasear, de mirar. Cualquier línea suya genera ideas y da trabajo a sus agradecidos lectores.

3.

Porque Italo Calvino tenía razón cuando dijo que Perec era un escritor radicalmente distinto a cualquier otro.

4.

Porque su obra corrobora la idea de que la ley de cualquier arte es el cambio. Perec no se limitaba a reescribir la literatura de ayer.

5.

Porque el joven Perec no tenía certezas, a excepción de una: será escritor. Pasaban los años y sólo recibía rechazos por parte de los editores. Sus amigos estudiaban carreras, pasaban oposiciones, obtenían buenos trabajos mientras él se aferraba, obstinadamente, a esa apuesta a vida o muerte. Será escritor.

6.

Porque algunas personas sensibles le animaron a escribir y transformaron en frutos flores que sin esto se hubieran marchitado. Gracias, Jean Duvignaud; gracias, Maurice Nadeau.

7.

Porque su entrada en literatura fue estelar y desconcertante. 1965: *Las cosas,* una novela sociológica sobre una pareja a principios de la sociedad de consumo. 1966: *¿Qué pequeño ciclomotor de manillar cromado en el fondo del patio?,* un juego disparatado sobre un grupo de amigos en tiempos de guerra. 1967: *Un hombre que duerme,* un largo poema en prosa sobre un estudiante que deambula como un fantasma por las calles de París.

8.

Porque cada libro de Perec siempre es distinto del anterior. Cada libro es una nueva fiesta.

9.

Porque, a diferencia de la mayoría de nosotros, Perec nunca se quedaba sin ideas, las encontraba en todas partes.

10.

Porque Perec era incapaz de decir si el final de su novela *Las cosas* era feliz o triste.

11.

Porque, en los años sesenta, no escribió sobre la sociedad de consumo como la mayoría de pensadores en boga, quienes no mostraban ningún amor por aquella época. En Perec, la crítica nunca va desligada de una profunda fascinación.

12.

Porque describió como nadie la sensualidad de las cosas, los paseos y las derivas por la ciudad, los restaurantes de barrio, las quedadas con amigos, las conversaciones interminables.

13.

Porque detestaba la psicología en la novela y prefería los libros donde los personajes están descritos por sus acciones, por sus gestos y por lo que les rodea. Como Sylvie y Jérôme de *Las cosas.*

14.

Porque, alérgico a las convenciones, sacó de sus novelas los diálogos, siempre tan ampulosos y artificiales.

15.

Porque, como escribió Emmanuel Carrère, *Las cosas* son –después de *La educación sentimental*– «el gran poema de esa particular clase de humillación: la certeza de ser, hagamos lo que hagamos, desesperadamente como todo el mundo».

16.

Porque no puedo evitar soltar unas buenas carcajadas al recordar cómo, en *¿Qué pequeño ciclomotor de manillar cromado en el fondo del patio?,* ese grupo de amigos grillados deciden partirle el brazo a uno de ellos para ahorrarle el mal trago de morir en la guerra de Argelia.

17.

Porque al héroe imperecedero de esta breve epopeya se le llama nada más y nada menos que de 72 maneras diferentes: Karamanlis, Karatoro, Karavaka, Karagüevo, Karaplasma, Karamelo, Karabina, Karadigma, Karatustra, Karapán, Karaalgo, etc.

18.

Porque me sentí feliz después de leer este librito, como si hubiese dado la mano a todos mis amigos.

19.

Porque Perec escribió una novela que se asoma peligrosamente al vacío, en la que un estudiante se despierta un día, no con el cuerpo de un insecto, sino con la extraña resolución de abandonarlo todo y retirarse del mundo.

20.

Porque la buhardilla de *Un hombre que duerme* es «la más bella de las islas desiertas» y «París un desierto que nadie ha atravesado nunca».

21.

Porque me persigue desde hace años esa hipnótica palangana de plástico rosa dentro de la cual se enmohecen seis calcetines.

22.

Porque un día el cineasta Bernard Queysanne recibió una breve nota expedida en Austria que decía: «1) ¿Has leído *Un hombre que duerme*? 2) ¿Crees que podemos hacer una película? 3) ¿Quieres hacerla conmigo?».

23.

Porque esa película nos dejó a un inolvidable Jacques Spiesser en blanco y negro vagando como un autómata entre la multitud, jugando partidas de solitario, comiendo cíclicamente un bistec con patatas en la barra de un *bistrot*.

24.

Porque, para Perec, «la imagen, el texto y la banda sonora de aquella película tejían la lectura más hermosa que un escritor pueda soñar para uno de sus libros».

25.

Porque escribió una novela de trescientas páginas privándose de la letra más usada en francés, la letra *e*, amputando la lengua de más de dos tercios de sus palabras. *La disparition* es un thriller desternillante que cuenta, entre asesinatos y sagas familiares, la misteriosa desaparición de Anton Voyl.

26.

Porque Perec compuso *La disparition* en 26 capítulos, como el número de letras del alfabeto, y tuvo la lindeza de sacar el capítulo 5, correspondiente al rango de la letra prohibida. La novela tiene asimismo seis partes, como el número de vocales del alfabeto. ¿Qué parte le faltará?

27.

Porque algunos alegres goliardos tradujeron lo intraducible y llevaron este carnaval a otros pueblos y otras latitudes. Tenemos *El secuestro* en castellano (sin la letra a), *L'eclipsi* en catalán (sin la letra a), *La scomparsa* en italiano (sin la letra e), *Anton Voyls Fortgang* en alemán (sin la letra e), *Häviäminen* en finés (sin la letra a), *Kayboluş* en turco (sin la letra e), *Ischezanie* en ruso (sin la letra o), *En-metsu* en japonés (sin la letra i), *Dispariţia* en rumano (sin la letra e), *'t Manco* en neerlandés (sin la letra e), *Försvinna* en sueco (sin la letra e), *Ispario* en croata (sin la letra e), *O Sumiço* en portugués (sin la letra e), *Zniknięcia* en polaco (sin la letra e), *A void, Vanish'd, A Vanishing* u *Omissions* en inglés (todas sin la letra e).

28.

Porque nunca me gustaron las autobiografías hasta que leí *W o el recuerdo de la infancia.*

29.

Porque, en *W o el recuerdo de la infancia,* Perec intercala recuerdos infantiles en una distopía ubicada en una isla imaginaria. Y esa incongruente combinación funciona. No pregunten cómo, pero las dos partes se iluminan la una a la otra liberando frágiles e inesperadas zonas de sentido.

30.

Porque la letra *K* pertenece a Kafka y la letra *W* pertenece a Perec.

31.

Porque leyó *En busca del tiempo perdido* en el verano de 1965, junto al mar, en la pequeña ciudad calabresa de Tropea. Comentaba la lectura durante las comidas. Diez años más tarde empezaría su autobiografía con la frase:

«No tengo recuerdos de infancia». A Perec, la magdalena no le supo a nada.

32.

Porque sabía que los autores de confesiones, de memorias o de diarios íntimos son, lo quieran o no, embusteros. En palabras de Paul Valéry: «Quien se exhibe sueña siempre con la gloria, con el escándalo, con la excusa, con la propaganda».

33.

Porque Perec atravesó un terrible enmudecimiento antes de ser capaz de decir la palabra *yo*.

34.

Porque un día se percató de que «los problemas de mi interioridad me dejan un poco frío o, para ser exacto, ya no soy capaz de considerarlos verdaderos puntos de partida». Este descubrimiento le llevó a explorar nuevas formas de narrarse a sí mismo y convertirse en uno de los grandes renovadores de la escritura autobiográfica.

35.

Porque proyectó escribir una «autobiografía vespertina» de los lugares en los que durmió. Conservaba un recuerdo «casi prodigioso» de los detalles de las doscientas habitaciones donde concilió el sueño.

36.

Porque durante cuatro años tuvo la necesidad de transcribir sus sueños. *La cámara oscura* es el retrato de ese ser parecido, aunque excéntrico, que fue Perec durante la noche.

37.

Porque los 124 sueños de *La cámara oscura* desembocan en la enigmática cita de Harry Mathews: «El laberinto no conduce a ningún lado salvo al exterior de sí mismo».

38.

Porque fue capaz de listar todos los alimentos líquidos y sólidos que engulló en el transcurso del año mil novecientos setenta y cuatro, regalando a la literatura una «autobiografía alimentaria» única en su especie.

39.

Porque planeó escribir la historia de algunos objetos de su mesa de despacho y también la historia y descendencia de sus gatos Duduche, Duchat 1 y Duchat 2.

40.

Porque el escritor más autobiográfico de todos es, contra lo que la gente suele creer, Georges Perec.

41.

Porque escribió una novela en forma de puzle con la que uno siempre quiere jugar.

42.

Porque escribió una novela en forma de inmueble donde uno quisiera vivir.

43.

Porque en ese inmueble vivió un arqueólogo tan confiado en las leyendas que acabó por suicidarse. Y un decorador que tuvo que demoler la cocina de la que tan orgulloso estaba. Y un sinfín de otras historias, conmovedoras o caprichosas, cómicas o trágicas.

44.

Porque dio con ese fabuloso título: *La vida instrucciones de uso.*

45.

Porque no puso coma, ni punto y coma, ni dos puntos, entre «la vida» y las «instrucciones de uso».

46.

Porque pocas novelas alcanzan tal intensidad y alegría en la escritura.

47.

Porque la redacción de *La vida instrucciones de uso* se activó de «una forma mágica» el día después de la muerte de su querido Raymond Queneau. El libro está dedicado al fundador del OuLiPo y autor de *Cien mil millones de poemas*.

48.

Porque con su inmueble pretendió medirse con los escritores de la totalidad: Melville, Mann, Joyce. Y salió airoso del envite.

49.

Porque *La vida instrucciones de uso* es una novela en la que puedes entrar por cualquier parte, de la que puedes salir por cualquier parte y que te lleva lejos, lejísimos, hacia cualquier dirección.

50.

Porque más de seiscientas páginas están contenidas en dos coordenadas: el 23 de junio de 1975, un poco antes de las ocho de la tarde, y el 11 de la rue Simon-Crubellier, París.

51.

Porque Perec dio forma a ese coloso llamado Percival Bartlebooth.

52.

Porque inventó al solitario Cinoc, un judío de origen polaco cuya profesión era matar palabras en desuso para el diccionario Larousse y cuya actividad secreta era elaborar un gran diccionario de palabras desaparecidas.

53.

Porque la mezquindad de algunos vecinos del inmueble me divierte en grado sumo, como los Plassaert que, con tal de agrandar su apartamento, desahucian al viejo e indefenso Troquet, internan al pobre y desgraciado Morellet.

54.

Porque siempre imaginé que Bach compuso las *Suites para violonchelo* pensando en un libro venidero como *La vida instrucciones de uso*.

55.

Porque el «cahier des charges» de *La vida instrucciones de uso* es la cocina mejor equipada de la historia de la literatura. Perec estaba muy loco.

56.

Porque en ese cuaderno Perec hacía dibujos hermosos como, por ejemplo, unas especies de autorretratos en forma de unicornios con perilla.

57.

Porque Perec era, a todas luces, un unicornio con perilla.

58.

Porque, desde que leí *La vida instrucciones de uso,* celebro cada año el Bartleboothsday, el 23 de junio, en medio de los petardos y las fogatas de San Juan.

59.

Porque nunca estaré suficientemente agradecido a la brillante profesora de letras que me propuso hacer un trabajo sobre *La vida instrucciones de uso.* Yo descubrí a Perec y ella se llama Isabelle Mimouni.

60.

Porque nos dejó un inolvidable relato de detectives, un magistral Agatha Christie de tres páginas: *El asesinato de los peces rojos.* Si sólo quieren leer una historia del libro, la pueden encontrar en el capítulo 50.

61.

Porque Perec disfrutaba creando intrigas detectivescas, pues no hay nada más irresistible literariamente que tener a un asesino o a un desaparecido que rastrear.

62.

Porque en sus libros mezcló literatura experimental y literatura clásica en proporciones ideales, obteniendo un sabor que reconocemos sin haberlo probado jamás.

63.

Porque Perec quería escribir el guión de una película de aventuras en la que veríamos a 5000 kirguises cabalgando por la estepa.

64.

Porque Perec soñaba con beber ron encontrado en el fondo del océano en un galeón hundido del siglo XVII, como el Capitán Haddock en *El tesoro de Rackham el Rojo*.

65.

Porque Perec reconcilia felizmente a Joyce con Gaston Leroux.

66.

Porque su paso epifánico por el paracaidismo le hizo entender que es necesario saltar al vacío si se quiere lograr algo de verdad.

67.

Porque Perec es un escritor para escritores, para sociólogos, para artistas plásticos, para arquitectos, para crucigramistas, para antropólogos, para geógrafos, para cineastas, para

historiadores, para psicoanalistas, para mucha muchí-
sima gente.

68.

Porque Perec recogió un gato abandonado en la rue
du Commandant René Mouchotte y lo bautizó como
Commandant Mouchotte.

69.

Porque me gusta recordar que escribía con la mano dere-
cha y dibujaba con la mano izquierda.

70.

Porque descubrí París, esa perpetua tentación, a través
de sus libros.

71.

Porque cuando salgo a caminar, son muchos los lugares
que me recuerdan a Perec: la plaza Saint-Sulpice, el cruce
Mabillon, el cementerio del Père-Lachaise, la Gare de
Lyon, la rue de l'Assomption, la rue Daunou, la rue de
la Gaité, la Villa Seurat, la rue Saint-Honoré, la iglesia
de Saint-Roch, las inmediaciones del parque Monceau,
el boulevard des Batignolles, Belleville, la Gran Mez-

quita de París, la rue du Bac, la plaza Clichy, la punta de la isla Saint-Louis, la rue Linné, la Campagne à Paris.

72.

Porque *Las cosas* es «la cara brillante» de París y *Un hombre que duerme* su «cara oscura».

73.

Porque emprendió su faraónico *Lieux,* un proyecto que debía durar doce años, en los que describiría doce lugares parisinos, a razón de dos lugares por mes, para elaborar unos 288 textos que mostrasen el paso del tiempo en la ciudad, en el escritor y en su escritura.

74.

Porque Perec encerraba cada texto de *Lieux* en un sobre que sellaba con cera, como esas «bombas del tiempo» que «se entierran muy, muy bajo tierra para que, en millones de años, los extraterrestres las descubran y se den cuenta de que amábamos a Elvis Presley, la Coca-Cola y Jayne Mansfield».

75.

Porque el último plano secuencia de la película *Un hombre que duerme,* en las alturas de Belleville, es un pequeño poema parisino.

76.

Porque sus *perec-grinaciones* aconsejan restricciones para recorrer la ciudad y, así, descubrir rincones donde nunca hubiéramos puesto los pies.

77.

Porque proponía cruzar todo París utilizando solamente calles cuya primera letra sea la *c*, o realizar un recorrido ideal que comenzaría en una calle cuya primera letra sea la *a* y terminaría en una calle cuya primera letra sea la *z*, pasando sucesivamente por todas las letras del alfabeto.

78.

Porque transformó París en un área de juegos que reconfigura y enriquece nuestros manidos itinerarios.

79.

Porque adoraba los mapas, los planos, los atlas. Un portulano del Mediterráneo dibujado por François Olive en 1664 le acompañó toda su vida, desde su pequeña habitación de la rue de l'Assomption hasta su último despacho de la rue Linné.

80.

Porque no sé si lo dijo Perec, o tal vez fue Stevenson: «Sé que hay personas a las que no les interesan los mapas, algo que me resulta difícil de creer».

81.

Porque el plano de *La vida instrucciones de uso,* donde aparecen los antiguos y actuales habitantes del inmueble, me reconecta con los enigmáticos mapas de los libros *Elige tu propia aventura* que leía fascinado en la infancia.

82.

Porque la ambición literaria de Perec era calcar el mapa de Europa, luego girarlo 180 grados, de tal manera que ya nada fuese reconocible: Europa se convierte en una especie de Dinamarca informe y lo más natural se vuelve de golpe completamente desconocido.

83.

Porque a Perec le chiflaba esa imagen del muchacho o la muchacha que devora una historia cautivadora de bruces sobre la cama.

84.

Porque su obra me despertó al hecho de mi propia perspicacia, me hizo «recobrar algo del asombro que podían experimentar Julio Verne o sus lectores frente a un aparato capaz de reproducir y de transportar los sonidos».

85.

Porque en él hay un niño que nunca llegó a crecer, y que conserva una mirada sin prejuicios ni jerarquías hacia las cosas. «Abre bien los ojos, mira», reza el epígrafe de *La vida instrucciones de uso*.

86.

Porque, como escribió Paul Éluard, sólo el candor es revolucionario.

87.

Porque Perec podía dar una importancia desmesurada a detalles que a otro se le hubieran escapado.

88.

Porque aprendió a olvidar su cotidiano para volver a mirarlo nuevamente.

89.

Porque nuestros ojos están excesivamente empañados por la rutina. *Lo infraordinario* es una ética que destierra todas nuestras ideas preconcebidas cuando paseamos, leemos, escribimos.

90.

Porque Perec paraba de escribir para mirar su bolígrafo, porque alargaba sus despertares para mirar las grietas del techo, porque dejaba de masticar para mirar su tenedor.

91.

Porque cuando escribía una palabra, contaba sus letras, percibía sus sonidos, en un mismo impulso.

92.

Porque Perec tenía devoción por lo pequeño, lo irrisorio.

93.

Porque todo lo que escribe, hasta lo más insignificante, me concierne: los artículos del catálogo de una empresa de bricolaje, la disposición de las mesas en la terraza de un bar, el precio de unas cerezas.

94.

Porque cultiva la manía de las preguntas elementales. «¿Qué hay debajo de su papel tapiz? ¿Cuántos gestos son necesarios para discar un número de teléfono? ¿Por qué los autobuses van de tal sitio a tal otro?» ¿Qué pasa cuando no pasa nada?

95.

Porque para renovar el pensamiento hay que regresar al origen de las cosas.

96.

Porque Perec reflexionó sobre las hostiles escaleras de nuestros inmuebles y trató de aprender a vivir en ellas.

97.

Porque, como dijo Juan Tallón, hay alfombras, o vasos sobre una mesa auxiliar, que pueden adquirir la condición de epopeyas.

98.

Porque le gustaban los trenes, la pasta fresca, el jazz, el papel cuadriculado, el papel secante, el cine americano, la ensalada de tomate pelado y sin semillas, los nombres de los lugares, los diccionarios antiguos, la forma octogonal, los tejados de pizarra, el munster sin comino, los paisajes llenos de agua, comprobar que todos los números cuya suma de dígitos es igual a nueve son divisibles por nueve, las enumeraciones.

99.

Porque Perec admiraba la capacidad de Julio Verne de listar durante cinco páginas nombres de peces, sin que resultara aburrido, y recomendaba «las inefables alegrías de la enumeración».

100.

Porque me descubrió esa gran aventura llamada OuLiPo y la literatura bajo restricciones.

101.

Porque usó las restricciones para oponer gran resistencia a los lugares comunes y escribir de otra manera, paradójicamente más libre.

102.

Porque todas las restricciones que escogió Perec no sólo eran de lenguaje sino de vida. Ya lo dijo su amigo el escritor Harry Mathews: las restricciones utilizadas eran una especie de acceso al inconsciente mucho más eficiente que cualquier escritura automática.

103.

Porque decía, entre risas, que lo fundamental en un plan o en un programa es no respetarlo nunca.

104.

Porque hizo suya la frase de Paul Klee: «El genio es el error en el sistema».

105.

Porque Perec fue el gran renovador de lo que él mismo denominó como «escritura citacional», es decir, el uso de citas ajenas como motor de creación.

106.

Porque tomaba, sin miedo, frases prestadas de Flaubert, Stendhal, Diderot, Proust, Melville, Joyce, Antelme, Lowry, Borges, Lamartine, Rimbaud y las utilizaba como punto de partida para sus propios hallazgos.

107.

Porque nunca escribió en soledad, «sino en la complicidad de todos los escritores a quienes admiraba y releía sin cesar».

108.

Porque Perec consideraba que la literatura es un gran puzle cuyas piezas son las obras de los escritores que le alimentaron y le dieron ganas de escribir. «Una especie de constelación con en el centro (o en los bordes) una pieza vacía que es la que yo vendré a llenar».

109.

Porque los tres escritores en los que Perec reconocía a un verdadero modelo se llamaban «Kafka, Kafka y Franz Kafka».

110.

Porque se acordaba de que a Stendhal le gustaban las espinacas. Y también porque estaba fascinado en que escribiera *La cartuja de Parma* en 53 días.

111.

Porque, en *Me acuerdo,* decidió excluir los recuerdos personales y los recuerdos importantes, e inclinarse, en cambio, por lo colectivo, lo banal, lo insignificante.

112.

Porque Perec pidió a su editor que agregara unas páginas en blanco al final del libro para que el lector pudiera ensayar con sus propios *me acuerdo* y contribuir así a una enumeración infinita y siempre renovada.

113.

Porque formuló la idea de un género que podría llamarse *simpático.*

114.

Porque, en *Tentativa de agotar un lugar parisino,* casi logra lo imposible: elaborar la enumeración definitiva, perfecta, sin etcéteras.

115.

Porque era un escritor realista, pero no a la manera de Balzac, sino a la de Sei Shōnagon y su *Libro de la almohada*.

116.

Porque, en este sentido, *Lieux* es el libro más *realista* que he leído: un cúmulo de retazos de lugares, recuerdos, pensamientos, personas, emociones, sin principio, nudo ni desenlace. Y pasamos de un retazo al otro haciendo lo posible para no golpearnos.

117.

Porque, para Perec, la función del escritor no es la de juzgar, ni siquiera la de comprender, sino la de mostrar.

118.

Porque Robert Antelme fue, a sus ojos, el escritor que mejor narró la experiencia de los campos de concentración. «En *La especie humana* el campo nunca se da. Se impone, emerge lentamente. Es barro, luego hambre, luego frío, luego palizas, otra vez hambre, piojos. Luego todo a la vez […]. No hay imágenes trilladas y tranquilizadoras incluso en su misma violencia».

119.

Porque reinventó de manera brutal el arte de describir. Llevó la descripción a una radicalidad jamás vista.

120.

Porque en *La vida instrucciones de uso* Perec consiguió algo inédito: que ningún personaje fuera, en el fondo, más importante que otro, un objeto más significativo que otro.

121.

Porque su hiperrealismo se enlaza con la ficción más pura.

122.

Porque su hiperrealismo se enlaza con el humor más fino.

123.

Porque seguía teniendo razón Calvino cuando dijo que «nadie es más inmune que Perec a la peor plaga de la escritura de hoy: la vaguedad».

124.

Porque en una foto de 1938, en la que aparece en brazos de su madre Cyrla, Perec todavía conserva la mirada

confiada de aquel que se siente al resguardo de la His‑
toria, con su gran hacha.

125.

Porque Harry Mathews cuenta que cuando conoció a
Perec descubrió a «un hombre desesperado» que encade‑
naba juegos de palabras y bromas de manera obstinada,
como «una forma inofensiva de mantener a los demás
a distancia».

126.

Porque en el *Pequeño ciclomotor* escribió que la feli‑
cidad sólo se encuentra en las estaciones de tren. Un
lugar común hasta el día en que uno se entera de que
el pequeño Jojo se despidió para siempre de su madre
en la Gare de Lyon. Era primavera de 1942.

127.

Porque su obsesión por lo exhaustivo, por enumerar
todo, por saturar el espacio, es la imagen invertida de lo
que más le atormenta: la falta, la ausencia, la orfandad.

128.

Porque sin un lugar propio tuvo que entregarse a los
lugares comunes.

129.

Porque a su tía Esther le preocupaba el hecho de que el joven Perec perdiera siempre sus lápices. A lo que la psicoanalista Françoise Dolto contestó: «Es él quien está completamente perdido».

130.

Porque en la negra primavera de 1956 escribió:
«¿Dónde encontrar cada noche la esperanza suficiente para querer vivir el día siguiente?
La causa superficial: la soledad
La causa profunda: la impotencia
La causa primera: la falta de confianza
La causa oculta: la falta de ternura».

131.

Porque la obra de Perec es la expresión más perfecta de la desaparición.

132.

Porque la ausencia de la letra *e* en la novela lipogramática *La disparition* es todo menos gratuita.

133.

Porque *W o el recuerdo de la infancia* está fracturado en la mitad por una página en blanco donde unos solitarios puntos suspensivos gritan en silencio.

134.

Porque fue privado de lo más importante: la ternura de una madre, la ternura de un padre.

135.

Porque la ternura le conmovía tanto que la buscó en todas partes. Perec es el escritor por antonomasia de la ternura y eso es lo que me ha atado a él durante todos estos años.

136.

Porque, en calidad de huérfano de la Segunda Guerra Mundial, separado de padres y tradición, le costó años asimilar su condición judía. *Ellis Island* nos enseña que uno puede ser algo sin serlo, es decir, *por defecto*.

Porque Perec vivió del otro lado de la alambrada: «Mi única tradición, mi único recuerdo, mi único lugar es retórico».

138.

Porque Perec explica que todos los libros que leía y releía en su juventud actuaron como un «parentesco finalmente reencontrado». A diferencia de las personas, *Los tres mosqueteros* no se pierden, no te abandonan, no desaparecen.

139.

Porque su intento de suicidio me llenó de congoja.

140.

Porque, como dijo Paul Auster, «debajo de cada truco y rompecabezas oulipiano que puede encontrarse en los libros de Perec hay una reserva de sentimientos humanos, una oleada de compasión, un guiño de humor, la convicción implícita de que, pese a todo, tenemos suerte de estar vivos».

141.

Porque su obra es uno de los testimonios más desgarradores de la Shoah, no por la demostración del dolor, sino por el exceso de pudor.

142.

Porque su obra es una lucha trágica contra el olvido. «Escribir: intentar meticulosamente retener algo, hacer sobrevivir algo».

143.

Porque un profesor llamado Bernard Magné descubrió un día que los libros de Perec están salpicados de oraciones de once y cuarenta y tres letras: un código secreto que rememoraba la fecha de deportación de su madre hacia Auschwitz, el 11 de febrero de 1943.

144.

Porque Patrick Modiano reparó en que la madre de Dora Bruder acabó en el mismo convoy que la madre de Perec y esa coincidencia le causó una terrible conmoción.

145.

Porque Perec arrastró desde muy joven la convicción de que, en esta vida, no existen finales felices, que todo se estropea y acaba por desaparecer, irremediablemente. «Preferiría obras que se acabasen en la plenitud. Pero no conozco ninguna».

146.

Porque la rue Vilin.

147.

Porque en Perec conviven la euforia y la tristeza, a imagen del apellido del protagonista de *La vida instrucciones de uso*. Bartlebooth es el cruce perfecto de «Barnabooth», el millonario de Valery Larbaud, personaje vitalista que busca un sentido a su vida, y de «Bartleby», el escribiente de Melville, que encarna la viva imagen del final, de lo irremediable.

148.

Porque un día escribí a su gran amigo Marcel Bénabou quien me dijo que a Perec no le gustaban los colores vivos y prefería los colores un poco apagados. O eso recordaba.

Porque tardó años en arrancar de la bruma insensata estas inolvidables palabras: «Escribo: escribo porque hemos vivido juntos, porque he sido uno entre ellos, sombra entre sus sombras, cuerpo junto a sus cuerpos; escribo porque ellos han dejado en mí su marca indeleble y porque su rastro es la escritura: su recuerdo ha muerto en la escritura; la escritura es el recuerdo de su muerte y la afirmación de mi vida».

150.

Porque, a pesar de todo, Perec comunica felicidad al lector. Mucha felicidad. Quien arriesga su vida piensa generalmente en términos de vida, y no de muerte.

151.

Porque Perec es un claro ejemplo de que la psicoterapia desbloquea, ayuda a vivir y escribir. En la dedicatoria de *W o el recuerdo de la infancia* que dirige a su psicoanalista, se puede leer: «Para J.B. Pontalis, más allá del aquí y ahora, estas huellas que me ayudó a encontrar».

152.

Porque Perec había reservado para el epígrafe de su historia familiar, *L'Arbre,* un verso de Vigny: «Si escribo su historia, descenderán de mí».

153.

Porque cuando leí el párrafo de *Ellis Island* donde Perec deja por fin de esconderse y habla frontalmente de sí mismo, de su condición de judío arrancado de los suyos, contuve como pude las lágrimas. «Lo que yo, Georges Perec, he venido a interrogar aquí es la errancia, la dispersión, la diáspora…».

154.

Porque a Perec le gustaban los ataques de risa, las paradojas y los finales de fiesta.

155.

Porque durante años me dormí escuchando su voz: «Mabillon 19 de mayo de 1978. Son las diez menos veinte. El tiempo es lluvioso. El tráfico es fluido…». Era la grabación que hizo en mayo de 1978 para la emisora *France Culture* y que tomó el nombre de *Tentativa de descripción de cosas vistas en el cruce Mabillon.*

156.

Porque no basta con leer a Perec, también hay que escucharlo.

157.

Porque, al igual que Serge Valène, el pintor de *La vida instrucciones de uso,* en su voz había «algo que se parecería a la comprensión, a cierta dulzura, a una alegría teñida de nostalgia».

158.

Porque su risa de diablillo me hace feliz y atraviesa intacta los años.

159.

Porque hay escritores cuyas miradas corresponden perfectamente a sus obras. Y uno de los casos más claros es el de Perec. Tiene esa mirada suave que parece posarse gentilmente sobre todas las cosas.

160.

Porque esa mirada es también y sobre todo inclusiva y generosa.

161.

Porque Perec es un etnólogo que trata de designar las cosas de la manera más precisa y neutra posible. Su escritura anda a tientas, redefiniéndose a cada paso.

162.

Porque «hay que ir más despacio, casi torpemente».

163.

Porque, para Perec, la gran cuestión no era *por qué,* sino *cómo*: ¿cómo describir?, ¿cómo contar?, ¿cómo mirar?, ¿cómo reconocer este lugar?, ¿cómo restituir lo que fue?, ¿cómo leer esas huellas?, ¿cómo ir más allá, ir detrás, no detenernos en lo que se nos muestra, no ver sólo lo que ya sabíamos que veríamos?, ¿cómo hallar de nuevo lo que era normal, banal, cotidiano, lo que era ordinario, lo que pasaba todos los días?, ¿cómo prescindir de las funciones, los ritmos, las costumbres, cómo prescindir de la necesidad?, ¿cómo pensar la nada?, ¿cómo pensar la nada sin poner automáticamente algo alrededor de esa nada?, ¿cómo pienso cuando pienso?, ¿cómo pienso cuando no pienso?, ¿cómo seguir?

164.

Porque Perec no esconde los mecanismos y las estructuras de sus libros; al contrario, los exhibe contento, triunfante.

165.

Porque en Perec está el texto y luego las ideas que lo sobrevuelan y lo arremolinan.

166.

Porque *Especies de espacios* es la conquista del espacio más modesta de la historia de la humanidad.

167.

Porque su pieza radiofónica *Die Maschine* es la historia de un ordenador que juega con el célebre poema romántico «Wandrers Nachtlied» de Goethe y lo deconstruye, lo zarandea, lo desacraliza. Lo convierte en una especie de broma.

168.

Porque el proyecto inconcluso *El herbario de las ciudades* era un inmenso amasijo de folletos, fotografías, facturas, tarjetas de visita, notas deslizadas por debajo de la puerta, telegramas, carteles, billetes de metro… «Esta literatura escrita en los sellos postales, todo ese uso transitivo de las palabras».

169.

Porque *El arte y la manera de abordar a su jefe de servicio para pedirle un aumento* es un recorrido paródico sin puntuación por un organigrama repleto de flechas y disyuntivas que expone los pasos que debe seguir un empleado para que su petición de aumento acabe inevitablemente en la papelera.

170.

Porque, junto a Jacques Roubaud y Pierre Lusson, popularizaron en Francia el juego de go con la publicación de su placentero *Pequeño tratado invitando al descubrimiento del arte sutil del go.*

171.

Porque en *Cantatrix sopranica L. y otros escritos científicos* el neurofisiólogo Perec elabora un *paper* en un inglés muy académico sobre cómo el lanzamiento de tomates influye en el comportamiento de las cantantes. La demostración experimental concluye que cuantos más tomates le tiras a una soprano, más grita.

Porque, contra el mal humor, suelo prescribir el relato monovocálico *What a man!* escrito por un tal Gargas Parac. ¡Ja, ja, ja! ¡Caramba!

Porque en la biblioteca de Julio Cortázar había un cuadernillo de dieciséis páginas amarillas sujetas por tan sólo una grapa, titulado *Gamine de blouse,* y subtitulado «Breve antología del jazz americano». Era una serie de enigmas homofónicos que Perec envió en 1979 a sus amigos con motivo del año nuevo. Al igual que Cortázar, Perec amaba el jazz y sus posibilidades: «el *free jazz* se hace preguntas que yo, novelista, me hago; mejor todavía, el *free jazz* constituye tal vez una respuesta que la escritura aún busca».

Porque mostró la fecundidad de los textos con disparadores, siendo *Me acuerdo* el ejemplo tipo.

Porque Perec elaboraba todo tipo de índices para sus libros. Por ejemplo, el «índice de algunas de las historias contadas en este libro» de *La vida instrucciones de uso,* las diecinueve páginas del «índice de referencias y refugios» de *La cámara oscura* o el «índice de las flores y los ornamentos retóricos y, más exactamente, de las metábolas y las parataxis que el autor cree haber encontrado en el texto que se acaba de leer» del *Pequeño ciclomotor.*

176.

Porque tenía la ambición de recorrer toda la literatura de su tiempo. «Escribir todo lo que puede escribir un hombre de hoy: libros gruesos y libros breves, novelas y poemas, dramas, libretos de ópera, novelas policiales, novelas de aventuras, novelas de ciencia ficción, folletines, libros para niños…».

177.

Porque le gustaban los plurales y la potencialidad de la literatura.

178.

Porque desconfiaba de las literaturas comprometidas y de los libros que dan respuestas. «Mi compromiso consiste en usar mi malestar para inquietar a los lectores».

179.

Porque nunca firmaba de la misma manera a pesar de que siempre veía en la *G* de *Georges* un imperturbable signo de interrogación.

180.

Porque a Perec no le gustaban los Humanistas, con *h* mayúscula, los Pensadores con *p* mayúscula, los «Nuevos» (cocineros, filósofos, románticos, etc.), con *n* mayúscula. Ni tampoco los políticos, los jefes de departamento y los subjefes de departamento.

181.

Porque, como dijo Claude Burgelin, era alérgico a los importantes y a los arrogantes.

182.

Porque adoraba el adverbio «ligeramente».

183.

Porque Perec no creía en las grandes construcciones intelectuales. Prefería ensuciarse las manos, trabajar con la pipeta en el laboratorio.

184.

Porque Perec reprobaba «nuestro afán por querer encontrar un sentido único y cerrado a los libros que leemos».

185.

Porque Perec era una persona honesta, un artista honesto.

186.

Porque su ideal era la discreción de un pintor renacentista, que se reserva «un lugar insignificante» en el cuadro, entre «la multitud de vasallos, soldados, obispos o mercaderes».

187.

Porque descendió del monte Parnaso para escribir a ras de las aceras.

188.

Porque de la diversión nacen cosas nuevas, cosas buenas. Y Perec se divertía mucho escribiendo.

189.

Porque Perec desconfiaba de la originalidad. Su cuento *El viaje de invierno* pone patas arriba toda la historia de la literatura, el orden establecido, y apunta a que todo libro es una reescritura.

190.

Porque a veces tenemos la impresión de reconocer en Borges la voz precursora de Perec.

191.

Porque Perec nos recuerda que Verne y Roussel no hacían sino copiar fragmentos de enciclopedias. También decía que le hubiera gustado, como un nuevo Pierre Menard, rehacer su Melville favorito, *Bartleby*.

192.

Porque en el *postscriptum* de *La disparition* dice que no cree en la inspiración. A eso le opone su gusto, su pasión, su amor por la acumulación, la saturación, la imitación, la cita, la traducción y la automatización.

193.

Porque la vocación de los textos de Perec es la de ser accesible a todos los lectores y, a su vez, la de resistir a todos y cada uno de ellos.

194.

Porque creía que los dos personajes principales de una novela son invariablemente el autor y el lector.

195.

Porque Perec no busca una relación fusional con el lector. No busca la posesión, la sumisión, la adicción, borrar la línea. En Perec, siempre hay una distancia, la distancia necesaria para que circule aire, para que el lector se sienta a gusto y pueda ser.

196.

Porque le encantaba jugar: puzles, crucigramas, acertijos, criptogramas, anagramas, etcétera. Perec puso a escritor y lector en pie de igualdad: «Escribir es un juego que se juega entre dos».

197.

Porque Perec ha pasado a la posteridad por ser el escritor del espacio, el escritor de lo lúdico, pero su obra es un esfuerzo sobrehumano para ocultar el tema que más le atormentaba y que más preocupa a la literatura: el tiempo.

198.

Porque construyó el palíndromo más largo de la lengua francesa (casi cinco mil letras), una titánica aventura del alfabeto cuyo final alcanza la utopía de dejar de ser final y convertirse en principio.

199.

Porque en *Especies de espacios* soñaba con «lugares estables, inmóviles, intocados y casi intocables, inmutables, arraigados». Lugares tranquilizadores.

200.

Porque *La vida instrucciones de uso* es la novela del tiempo detenido, un travelling reconfortante a través de todos los detalles de un cuadro de Pieter Brueghel el Viejo.

201.

Porque sus dos grandes campeones, el hombre que duerme y Bartlebooth, no fueron lo suficientemente fuertes para luchar contra el tiempo. Y es que, mal nos pese, nadie puede matar el tiempo.

202.

Porque cuando acabé de leer su biografía, escrita por David Bellos, estuve abatido durante días. El libro acaba con su muerte prematura por cáncer; y después de setecientas páginas viviendo con él, fue como perder a un hermano.

203.

Porque Harry Mathews escribió un librito titulado *Le verger,* una lista de 123 conmovedores recuerdos sobre su amigo recién desaparecido. «Me acuerdo de haber sentido una gran felicidad el día de junio de 1975 en que me di cuenta de que amaba a Georges Perec sin reservas».

204.

Porque Italo Calvino escribió un poema en el que usó únicamente las letras del nombre *Georges Perec* y de la palabra *oulipien.*

205.

Porque tras su muerte, el editor Paul Otchakovsky-Laurens fundó la célebre editorial P. O. L., cuyo logo representa una figura del juego de go que aparece en la página 566 de *La vida instrucciones de uso* y significa *eternidad*.

206.

Porque el último poema que escribió Perec se titula «Eternidad» y fue escrito sin restricciones.

207.

Porque un día me senté, como Roubaud, en lo alto de los escalones de la minúscula calle Georges Perec, y vi pasar un gato negro que, sin prisa ni preocupación, desapareció en el jardín de una de las villas.

208.

Porque Perec gastaba continuamente bromas tontas, como simular que se pellizcaba el dedo al cerrar la puerta del coche. «¡Ay!», gritaba.

209.

Porque me gusta recordar la elegancia con la que sostenía el cigarrillo entre el dedo anular y el dedo corazón.

210.

Porque Perec incluía a sus amigos en todos sus procesos creativos. «La amistad ha sido mi gran pasión», anotó en una carta a Jacques Lederer.

211.

Porque, cuando el pintor Pierre Getzler no conseguía exponer en ningún sitio, Perec transformó su apartamento de la rue du Bac en una improvisada galería de arte.

212.

Porque su amigo Jean Crubellier reaparece en casi todos sus libros. Tiene la suerte de ser sucesivamente el barco a vapor Commandant-Crubellier de *Las cosas,* el Doctor Raphaël Crubellier de *Un hombre que duerme,* el Comandante Crubovin de *La disparition,* la calle Simon-Crubellier de *La vida instrucciones de uso* y el coleccionista neoyorquino Simon Rawram (apellido que puede traducirse como «Simon cru bélier», «Simón crudo carnero») de *El gabinete de un aficionado.*

213.

Porque Perec nunca abandonó a su viejo amigo Hercule Poirot.

214.

Porque en la radio del coche sonaba Monserrat Caballé, y Perec, Roubaud y otros amigos empezaron a divertirse improvisando textos que terminaran en una homofonía del nombre «Montserrat Caballé». Pienso en ellos, en ese viaje en coche, y me entra una inmensa alegría.

215.

Porque Perec no cerraba con llave la puerta de su apartamento de la rue de Quatrefages para que sus amigos pudiesen entrar cuando quisieran.

216.

Porque Perec es, en palabras de Jean-Pierre Salgas, el «contemporáneo capital póstumo». Imposible escribir igual después de él.

217.

Porque Perec te lleva a maravillosos críticos literarios como Claude Burgelin que, a su vez, te hacen comprender y querer aún más a Georges Perec.

218.

Porque soñaba con ser el imponente *San Jerónimo en su estudio* de Antonello da Messina y podemos afirmar, con la distancia, que lo consiguió. En una versión más risueña.

219.

Porque todas las propuestas de Perec, todos los ángulos y arquitecturas que inventó, han inspirado y siguen inspirando a los escritores.

220.

Porque Annie Ernaux dijo que tres escritores le dieron ganas de escribir: Virginia Woolf, André Breton y, el más decisivo, Georges Perec. «El descubrimiento de Georges Perec con la lectura de *Las cosas* constituyó una gran inflexión en mi representación de la escritura».

221.

Porque Edouard Levé empieza su obra *Autorretrato* así: «De adolescente creía que *La vida instrucciones de uso* me ayudaría a vivir, y *Suicidio instrucciones de uso* a morir».

222.

Porque Enrique Vila-Matas es el parroquiano más asi-
duo de un exquisito café donde desayuno cada martes y
que ha bautizado «Café Perec». Una casa para siempre.

223.

Porque Sophie Calle decía que le hubiera gustado tener
todas las ideas de Perec.

224.

Porque Pascal Quignard venera a Perec por «por su silencio, su manera de enterrar el secreto y dejarlo aflorar» y
también por su valentía en «escribir directamente sobre
el vacío, que en su caso es aterrador».

225.

Porque en una encuesta para *El País* sobre «los libros
que te cambiaron la vida», Alejandro Zambra puso, a
modo de *boutade,* nada menos que diez libros de Perec.

226.

Porque Roberto Bolaño un día soñó que cuidaba a un
pequeño Georges Perec de tres años, que lo tomaba en
brazos, le compraba golosinas y libros para pintar. «No

sirvo para nada, pero serviré para cuidarte, nadie te hará daño, nadie intentará matarte».

227.

Porque no cabe la menor duda de que, para Perec, es un honor ser uno de los autores más saqueados de la literatura actual.

228.

Porque un día soñé que me emborrachaba toda la noche con Perec en el Harry's New York Bar. La resaca fue grandiosa.

229.

Porque cualquier tentativa de agotar la obra de Georges Perec sería, con toda seguridad, infructuosa.

230.

Porque es imposible imaginar cómo Perec hubiese seguido, qué libros hubiese escrito. Pregunta triste y esperanzadora: Perec es la prueba muerta de que la literatura no está agotada.

231.

Porque Perec es futuro.

232.

Porque *La vida instrucciones de uso* nos enseña a no ofuscarnos con el resultado, que suele ser siempre el mismo, un fracaso garantizado, sino a disfrutar del camino, las digresiones que postergan el final.

233.

Porque, como bien predijo Perec, «cualquier retrato se sitúa en la confluencia de un sueño y una realidad».

234.

Porque la lectura de Perec me afectó en profundidad hasta el punto de modificar ciertas nociones que tenía del mundo y la vida. Todavía no he alcanzado a entender en qué medida mi pasión por Perec desvela algo de mí mismo.

235.

Porque buscó a un tiempo lo eterno y lo efímero.

236.

Porque yo también quiero esperar, en la plaza Clichy, a que la lluvia deje de caer.

237.

Porque

(Continuará…)

Esta primera edición de
Por qué Georges Perec
de Kim Nguyen
se terminó de imprimir
en marzo de 2024,
mes en que nació (día 7)
y murió (día 3)
el protagonista de este libro.
¿Por qué
Per què
Pourquoi
Perché
Tại sao
Why
なぜ
Warum?
Porque sí.

Reproducción de un dibujo de Perec